This book belongs to:

DUDLEY SCHOOLS
LIBRARY SERVICE

For my little Else.
A kiss from your giant - C.N.

Text copyright © 2004 Carl Norac
Illustrations copyright © 2004 Ingrid Godon
Moral rights asserted
Dual language copyright © 2004 Mantra Lingua
All rights reserved
A CIP record for this book is available
from the British Library.

First published in 2004 by Macmillan Children's Books, London
First dual language publication in 2004 by Mantra Lingua

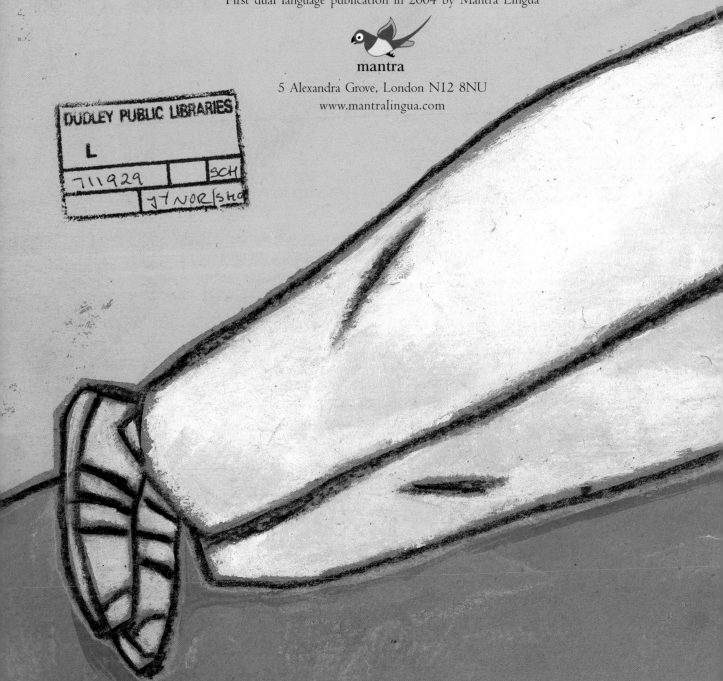

mantra

5 Alexandra Grove, London N12 8NU
www.mantralingua.com

CARL NORAC

INGRID GODON

Baba vangu muhombe
My Daddy is a Giant

Shona translation by Derek Agere

mantra

Baba vangu muhombe.
Kana ndichida kuvambundira,
ndino kwira manera.

My daddy is a giant.
When I want to cuddle him,
I have to climb a ladder.

Kana tichitamba chihwande-hwande,
baba vangu vano hwanda
kumasure kwe gomo.

When we play hide-and-seek,
my daddy has to hide
behind a mountain.

Kana makore aneta,
anouya achizorora
pamapfudze pa baba vangu.

And when the clouds are tired,
they come and sleep
on my daddy's shoulders.

Kana baba vangu vaka hotsira,
ungati imhepo yanyamavhuvhu.
Inofuridza mvura ye munyanza.

When my daddy sneezes,
it's like a hurricane.
It blows the sea away.

Baba vangu vakaseka,
ungati imhepo yanyamavhuvhu.
Mashisha ose anobva adonha mumiti.

When my daddy laughs,
it's like another hurricane.
All the leaves fly off the trees.

Shiri dzinoda baba vangu.
Dzinogadzira tsaka dzawo
mubvudzi rababa vangu.

Birds love my daddy.
They make their nests
in his hair.

Kana tichitamba bhora,
baba vangu vanogara vachikunda.
Baba vangu vanobanha bhora
roenda mudenga denga kunge
richasvika kumwedzi.

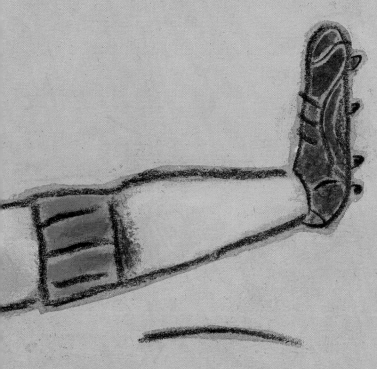

When we play football,
my daddy always wins.

He can kick the ball as high as the moon.

Asi ndinovakunda nguva
dzose patinotamba nhodo.
Zvigunwe zvavo
zvakakurisa.

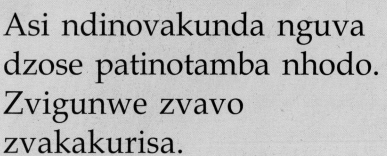

But I always beat
him at marbles.
His fingers are
far too big.

Ndinonzwa kufara kana baba vangu vachiti,
"Uri kureba sainini!"

I like it when my
daddy says,
"You're getting as
tall as me!"

Kana baba vangu vachimhanya, pasi panondenge ndeka zvinotyisa.

When my daddy runs,

the ground shakes

as if it was scared.

Asi hapana chandinotya
kana ndiri mumawoko a
baba vangu.

But I'm not scared
of anything when
I'm in my daddy's arms.

Baba vangu muhombe,
vanondida nemoyo
vavo vose.

My daddy is a giant,
and he loves me with
all his giant heart.